Schule - duɗal	2
Reise - ɗannagol	5
Transport - taraspoor	8
Stadt - wuro mowngu	0
Landschaft - yiyande taariinde	14
Restaurant - restora	17
Supermarkt - sipermarse	20
Getränke - njaram	22
Essen - ñaamdu	23
Bauernhof - ngesa	27
Haus - galle	31
Wohnzimmer - suudu yeewtere	33
Küche - waañ	35
Badezimmer - tarodde	38
Kinderzimmer - suudu sakaaɓe	42
Kleidung - comcol	44
Büro - gollirgal	49
Wirtschaft - faggudu	51
Berufe - haajuuji	53
Werkzeuge - kuutorɗe	56
Musikinstrumente - kongirgon misik	57
Zoo - nokku kullon	59
Sport - coftal ɓalli	62
Aktivitäten - golle	63
Familie - ɓesngu	67
Körper - ɓandu	68
Spital - suudu safirdu	72
Notfall - irsaans	76
Erde - Leydi	77
Uhr - montoor	79
Woche - yontere	80
Jahr - hitaande	81
Formen - Mbaadi	83
Farben - kuloraaji	84
Gegenteile - ceertuɗe	85
Zahlen - limorɗe	88
Sprachen - ɗemɗe	90
wer / was / wie - holi oon / hol ɗum / no	91
wo - hol toon	92

Impressum
Verlag: BABADADA GmbH, Nedderfeld 112 , 22529 Hamburg
Geschäftsführer / Verlagsleitung: Harald Hof
Druck: Books on Demand GmbH, In de Tarpen 42, 22848 Norderstedt

Imprint
Publisher: BABADADA GmbH, Nedderfeld 112 , 22529 Hamburg, Germany
Managing Director / Publishing direction: Harald Hof
Print: Books on Demand GmbH, In de Tarpen 42, 22848 Norderstedt, Germany

Schule
dudal

- dividieren / feccude
- Tafel / balal binndi
- Klassenzimmer / suudu jangirdu
- Schulhof / hakkunde ekkol
- Lehrer / janginoowo
- Papier / kaayit
- schreiben / windude
- Stift / kudol
- Schreibtisch / biro
- Lineal / reegal
- Buch / deftere
- Schüler / almuudo

186/2

Schultasche
kartaabal

Federmappe
moftirdo kereyonji

Bleistift
kereyo

Bleistiftspitzer
ceebnirgel kereyon

Radierer
momtirgel

Zeichenblock
alluwal ciifirgal

Zeichnung

ciifgol

Pinsel

limsere pentırteeɗo

Malkasten

suwo pentirɗo

Schere

sisooji

Klebstoff

ɗakkorgal

Übungsheft

deftere ekkorgal

Hausübung

golle janŋde

Zahl

niimara

addieren

ɓeydude

subtrahieren

ustude

multiplizieren

ɓeydude keeweendi

rechnen

qimaade

Buchstabe

bataake

Alphabet

karfeeje

Wort

kongol

Schule - duɗal

Text	lesen	Kreide
bindol	jangude	bindirgal
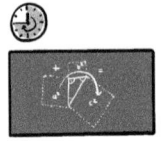		
Unterrichtsstunde	Klassenbuch	Prüfung
darsu	winditaade	egsame

Zeugnis	Schuluniform	Ausbildung
sartifika	comcol duɗal	janŋde

Lexikon	Universität	Mikroskop
ansikolopedi	duɗal jaaɓi haɗtirde	mikoroskop
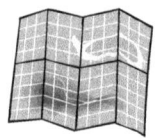		
Karte	Papierkorb	
kartal	suwo kurjut	

Schule - duɗal

Reise
ɗannagol

Hotel
otel
Grand
Herberge
obers
ROOMS
CHANGE
Wechselstube
nokku beccugol e neldugol
Koffer
waxannde
Auto
oto

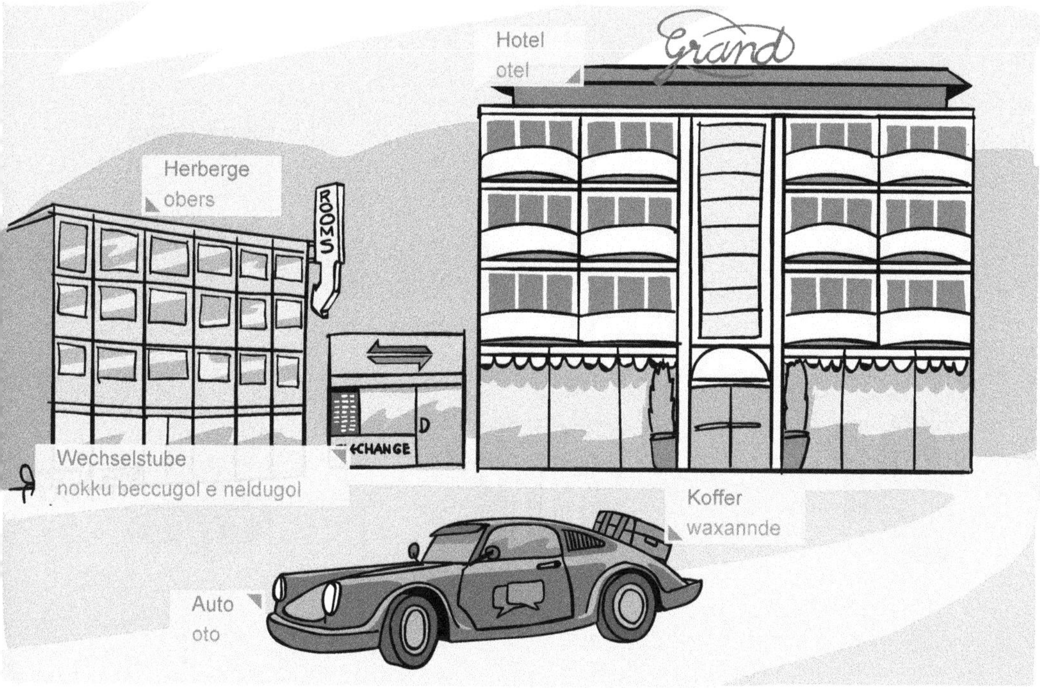

Sprache

ɗemngal

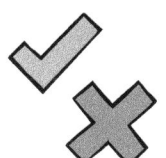

ja / nein

Eey / ala

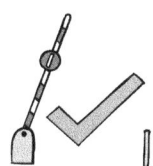

Okay

Moƴƴi

Hallo

mbaɗɗa

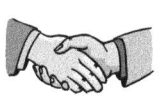

Dolmetscherin

pirtoowo

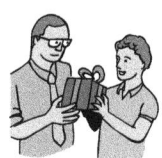

Danke

A jaraama

Wie viel kostet …?	Ich verstehe nicht.	Problem
no foti…?	Mi faamaani	hanmi

Guten Abend!	Guten Morgen!	Gute Nacht!
Jam hiri!	Jam waali!	Mbaalen e jam!

Auf Wiederschaun!	Richtung	Gepäck
ñande wodnde	laawol	bagaas

Tasche	Rucksack	Gast
saawdu	saawdu wambateendu	kodo

Zimmer	Schlafsack	Zelt
suudu	njegenaaw	caalel ladde

Reise - dannagol

Touristeninformation

kabaruuji tuurist

Strand

tufnde

Kreditkarte

kartal banke

Frühstück

kacitaari

Mittagessen

bottaari

Abendessen

hiraande

Fahrkarte

biye

Lift

suutde

Briefmarke

tampon

Grenze

keerol

Zoll

duwaan

Botschaft

ambasad

Visum

wiisa

Pass

paaspoor

Reise - dannagol

Transport
taraspoor

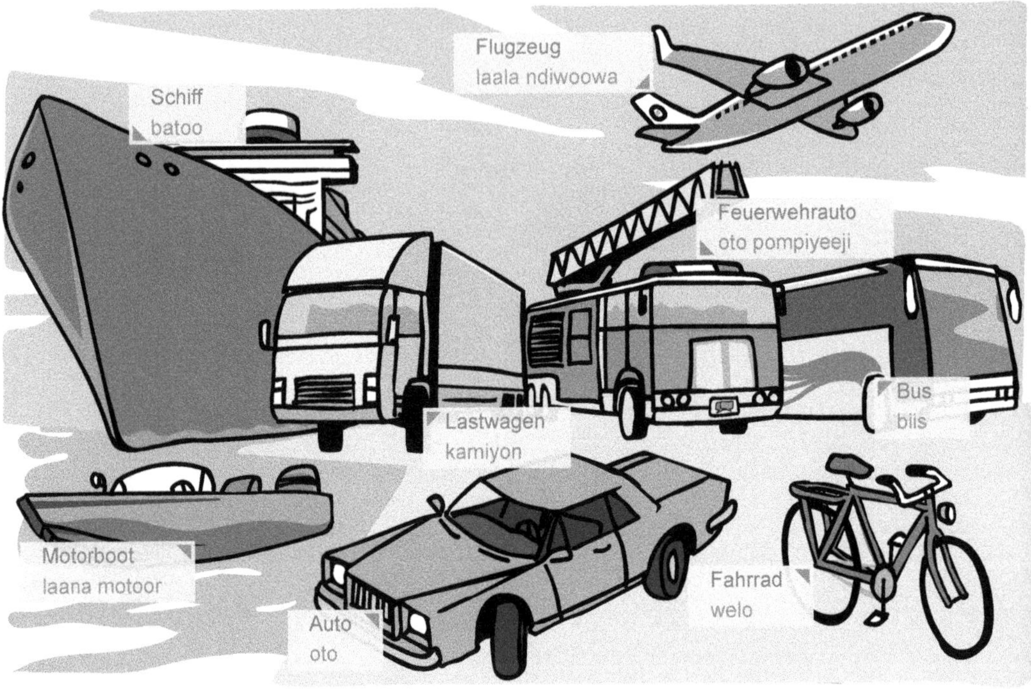

Fähre
batoo

Boot
laana

Motorrad
welo

Polizeiauto
oto polis

Rennauto
oto dogirteedo

Mietwagen
oto luwateedo

Carsharing
dendugol oto

Abschleppwagen
oto dandoowo goddo

Müllwagen
oto kurjut

Motor
motoor

Kraftstoff
karbiran

Tankstelle
nokku esaans

Verkehrsschild
tintinooje yaangarta

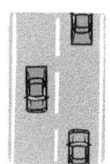

Verkehr
yaa ngarta

Stau
jiɓo yaa ngarta

Parkplatz
dingiral otooji

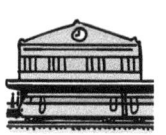

Bahnhof
dingiral laana leydi

Schienen
laabi

Zug
laana leydi

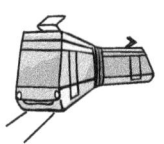

Straßenbahn
laana ndegoowa

Wagon
saret

Transport - taraspoor

Hubschrauber
elikopteer

Flughafen
ayrepoor

Tower
tuur

Passagier
wonbe e laana

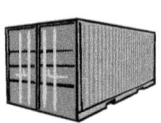
Container
konteneer

Karton
karton

Rollwagen
duñirgel kaake

Korb
basket

starten / landen
diwde / juuraade

Stadt
wuro mowngu

Dorf
wuro

Stadtzentrum
hakkunde wuru wowngo

Haus
galle

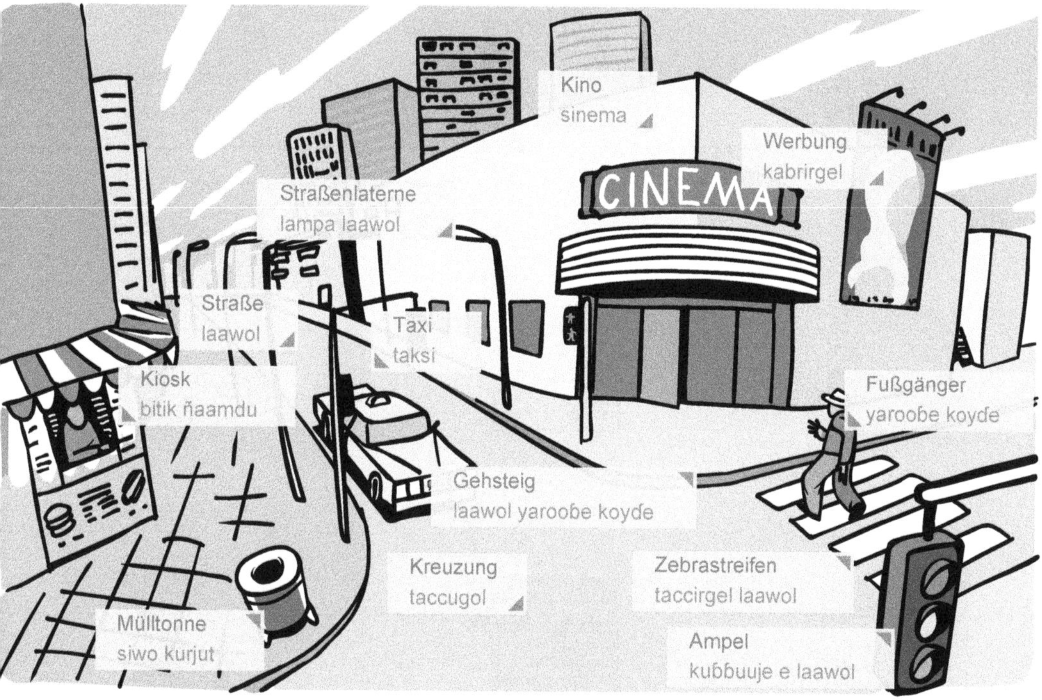

Kino
sinema

Werbung
kabrirgel

Straßenlaterne
lampa laawol

Straße
laawol

Taxi
taksi

Kiosk
bitik ñaamdu

Fußgänger
yaroobe koyɗe

Gehsteig
laawol yaroobe koyɗe

Kreuzung
taccugol

Zebrastreifen
taccirgel laawol

Mülltonne
siwo kurjut

Ampel
kubɓuuje e laawol

Hütte

tiba

Wohnung

ko foti

Bahnhof

dingiral laana leydi

Rathaus

meeri

Museum

miise

Schule

duɗal

Stadt - wuro mowngu

Universität
duɗal jaabi haɗtirde

Bank
banke

Spital
suudu safirdu

Hotel
otel

Apotheke
farmasi

Büro
gollirgal

Buchhandlung
suudu defte

Geschäft
bitik

Blumenladen
jeyoowo fuloraaji

Supermarkt
sipermarse

Markt
jeere

Kaufhaus
madase mawɗo

Fischhändler
jeyoowo liɗɗi

Einkaufszentrum
nokku coodateeɗo

Hafen
poor

12   Stadt - wuro mowngu

 **Park** park	 **Bank** joodorgal	 **Brücke** taccirgal
 **Stiege** ŋabbirde	 **U-Bahn** laawol metero	 **Tunnel** laawul les leydi
 **Bushaltestelle** fongo biis	 **Bar** baar	 **Restaurant** restora
 **Briefkasten** buwaat postaal	 **Straßenschild** lewñowel laawol	 **Parkuhr** to otooji ndaroto
 **Zoo** nokku kullon	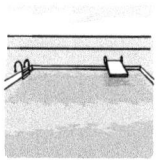 **Badeanstalt** pisin	 **Moschee** jama

Stadt - wuro mowngu

Bauernhof
ngesa

Umweltverschmutzung
gakkingol hendu

Friedhof
bammule

Kirche
egiliis

Spielplatz
dingiral

Tempel
tampl

Landschaft
yiyande taariinde

- Blatt — baramlefol
- Wegweiser — tugayal tintinirgal
- Weg — laawol
- Wiese — Huɗo sukkuko
- Stein — haayre
- Baum — lekki
- Wanderer — ŋayloowo
- Fluss — maayo
- Gras — huɗo
- Blume — fuloor

Landschaft - yiyande taariinde

Tal
nokku kaañe mawɗe to ndiyam dogata

Hügel
waande

See
weedu

Wald
ladde

Wüste
ladde yoornde

Vulkan
wolkan

Schloss
satoo

Regenbogen
timtimol

Pilz
sampiñon

Palme
leki palm

Moskito
ɓowngu

Fliege
diwde

Ameise
njabala

Biene
mbuubu ñaak

Spinne
njabala

Landschaft - yiyande taariinde

Käfer
hoowoyre keppoore

Frosch
faabru

Eichhörnchen
doomburu ladde

Igel
sammunde

Hase
fowru

Eule
pubbuɓal

Vogel
colel

Schwan
kakeleewal ladde

Wildschwein
mbabba tugal

Hirsch
lella

Elch
Nagge nde galladi cate

Staudamm
baraas

Windrad
masiŋel battowel hendu jeynge

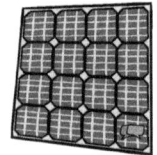
Solarmodul
Lowowel nguleeki

Klima
kilima

Landschaft - yiyande taariinde

Restaurant
restora

Kellner — carwoowo
Speisekarte — meni
Sessel — joodorgal
Suppe — suppu
Pizza — pidsa
Besteck — gede ñaamirteede
Tischdecke — limsere taabal

Vorspeise
tongitirgel

Hauptgericht
ñaamdu nguraandi

Nachspeise
tuftorogol

Getränke
njaram

Essen
ñaamdu

Flasche
butel

Restaurant - restora

Fastfood
fast fud

Streetfood
ñaamdu laawol

Teekanne
baraade

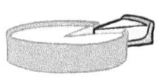

Zuckerdose
cupayel suukara

Portion
geɗel

Espressomaschine
Masinŋ kafe

Kinderstuhl
jooɗorgal toowngal

Rechnung
biye

Tablett
ñorgo

Messer
paaka

Gabel
furset

Löffel
kuddu

Teelöffel
nokkere kuddu

Serviette
sarbet

Glas
weer

Restaurant - restora

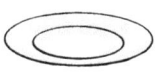

Teller
palaat

Suppenteller
palaat suppu

Untertasse
cupayel

Sauce
soos

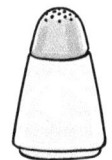

Salzstreuer
pot lamdam

Pfeffermühle
moññirgal poobar

Essig
bineegara

Öl
nebam

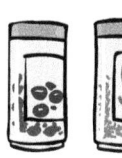

Gewürze
kaadnooje

Ketchup
ketsap

Senf
muttard

Mayonnaise
mayonees

Restaurant - restora

Supermarkt
sipermarse

- Angebot / ngustugul coggu
- Kunde / kiliyaan
- Milchprodukte / kosameeje
- Obst / bikkon ledde
- Einkaufswagen / daasirgel

Schlachterei
jeyoowo teew nagge

Bäckerei
juɗoowo mburu

wiegen
ɓetde

Gemüse
lijim

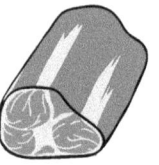

Fleisch
teew

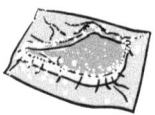

Tiefkühlkost
ñaamdu bumnaandu

Supermarkt - sipermarse

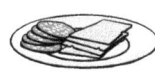
Aufschnitt
teew moftaado

Konserven
ñaamdu nder buwat

Waschmittel
condi lawyirteendu

Süßigkeiten
bonboonji

Haushaltsartikel
gede ngurdaade

Reinigungsmittel
porodiwiiji laabnirni

Verkäuferin
julaaajo

Kassa
haa

Kassiererin
kestotoodo

Einkaufsliste
limto coodateedi

Öffnungszeiten
waktuuji golle

Brieftasche
kalbe

Kreditkarte
kartal banke

Tasche
saak

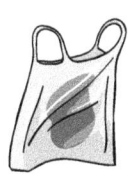
Plastiktüte
saak dalli

Supermarkt - sipermarse

Getränke
njaram

Wasser
ndiyam

Saft
njaram

Milch
kosam

Cola
yulmere

Wein
sangara

Bier
sangara

Alkohol
sangara

Kakao
kakao

Tee
ataaya

Kaffee
kafe

Espresso
kafe jon jooni

Cappuccino
kafe italinaabe

Essen
ñaamdu

Banane
banaana

Apfel
pom

Orange
oraas

Melone
dende

Zitrone
limonŋ

Karotte
karot

Knoblauch
laay

Bambus
lekki bambu

Zwiebel
basalle

Pilz
sampiñon

Nüsse
gerte

Nudeln
espageti

Spaghetti
espageti

Reis
maaro

Salat
salaat

Pommes frites
firit

Bratkartoffeln
faatat cahaaɗo

Pizza
pidsa

Hamburger
amburgeer

Sandwich
sandiwis

Schnitzel
buhal baddangal e lijim

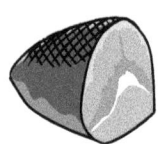

Schinken
buhal teew

Salami
kaane biyeteeɗo sosison

Wurst
sosis

Huhn
gertogal

Braten
defaɗum

Fisch
liingu

Essen - ñaamdu

Haferflocken

ndefu gabbe kuwakeer

Müsli

njilbundi abuwaan e gabbe godɗe

Cornflakes

kornfelek

Mehl

farin

Croissant

kurwasa

Semmel

pe o le

Brot

mburu

Toast

mburu juɗaaɗo

Kekse

mbiskit

Butter

nebam boor

Topfen

kosam kaaɗɗam

Kuchen

gato

Ei

boccoonde

Spiegelei

moccoonde fasnaande

Käse

foromaas

Essen - ñaamdu

Eiscreme	Zucker	Honig
kerem galaas	suukara	njuumri

Marmelade	Schokoladenaufstrich	Curry
teew nagge	nirkugol sokkola	suppu kaane

Essen - ñaamdu

Bauernhof
ngesa

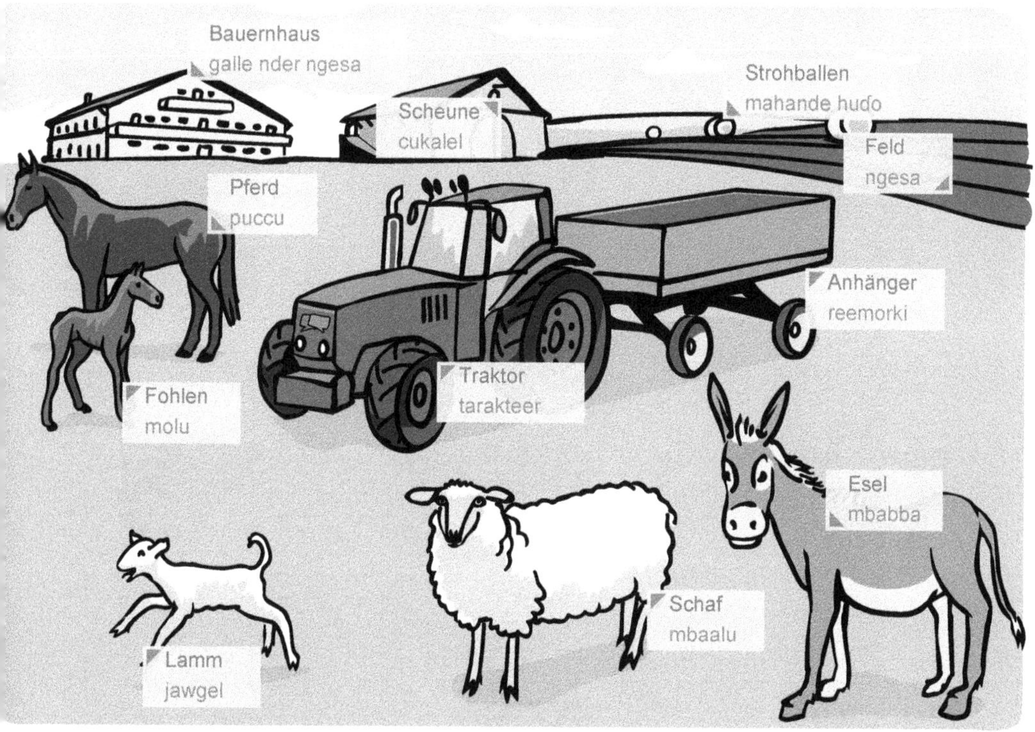

Bauernhaus — galle nder ngesa
Scheune — cukalel
Strohballen — mahande huɗo
Feld — ngesa
Pferd — puccu
Anhänger — reemorki
Fohlen — molu
Traktor — tarakteer
Esel — mbabba
Lamm — jawgel
Schaf — mbaalu

Ziege
ndamdi

Kuh
nagge

Kalb
mbeewa

Schwein
mbabba tugal

Ferkel
bingel mbabba tugal

Stier
ngaari ladde

Gans
jarlal ladde

Ente
gerlal

Küken
cofel

Huhn
jarlal

Hahn
ngori

Ratte
doomburu

Katze
ullundu

Maus
doomburu

Ochse
nagge

Hund
rawaandu

Hundehütte
nokku dawaadi

Gartenschlauch
tiwo sardin

Gießkanne
doosirgal

Sense
wofdu mawndu

Pflug
masinŋ demoowo

Sichel
wofdu

Hacke
coppirgal

Mistgabel
rato

Axt
hakkunde

Schubkarre
buruwet

Trog
mbalka

Milchkanne
kosam buwat

Sack
saak

Zaun
kalasal galle

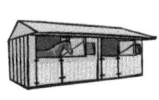
Stall
nokku pucci

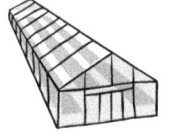
Treibhaus
inexistant

Boden
leydi

Saat
abbere

Dünger
nguurtinooje leydi

Mähdrescher
masinŋ coñirteedo

Bauernhof - ngesa

ernten
soñde

Ernte
soñde

Yamswurzel
ñambi

Weizen
bele

Soja
soja

Erdapfel
faatat

Mais
maka

Raps
abbere lekki kolsa

Obstbaum
lekki firwiiji

Maniok
ñambi

Getreide
sereyaal

Haus
galle

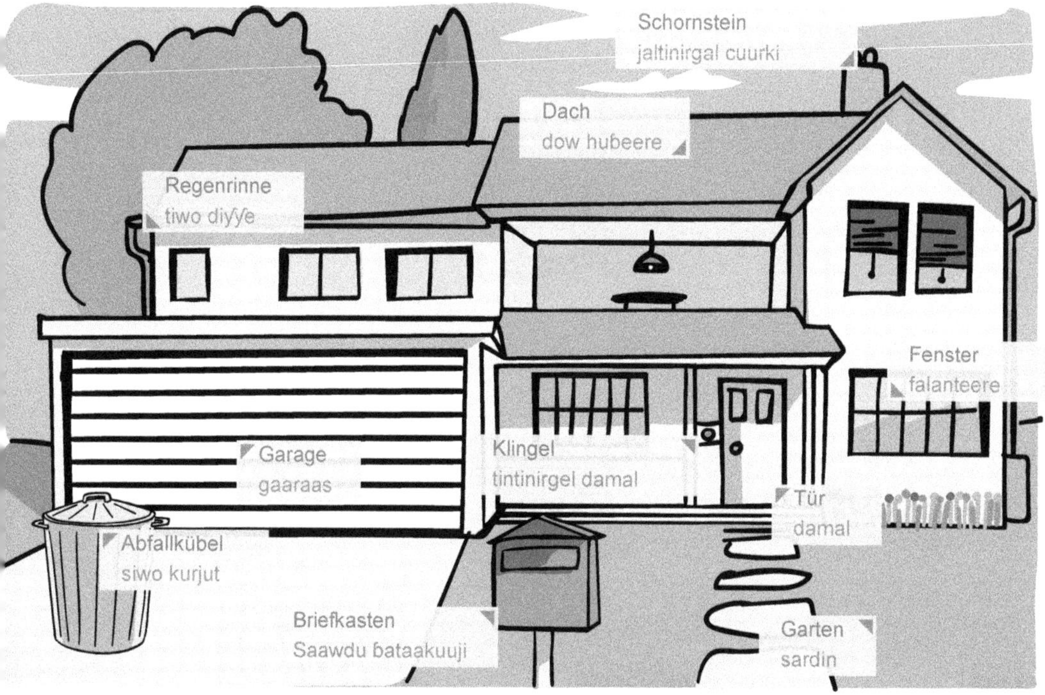

Schornstein — jaltinirgal cuurki
Dach — dow hubeere
Regenrinne — tiwo diyye
Fenster — falanteere
Garage — gaaraas
Klingel — tintinirgel damal
Tür — damal
Abfallkübel — siwo kurjut
Briefkasten — Saawdu bataakuuji
Garten — sardin

Wohnzimmer
suudu yeewtere

Badezimmer
tarodde

Küche
waañ

Schlafzimmer
suudu waalduru

Kinderzimmer
suudu sakaabe

Esszimmer
suudu hiraande

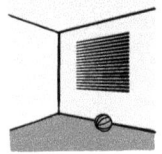
Boden
karawal

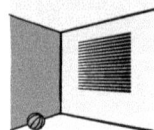
Wand
balal

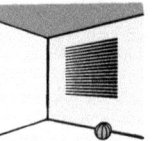
Decke
asamaan suudu

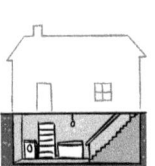
Keller
faawru

Sauna
soona e demngal farase

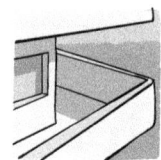
Balkon
balko

Terrasse
teeraas

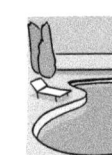
Schwimmbad
pisin

Rasenmäher
keefoowo huɗo

Bettbezug
darap

Bettdecke
darap

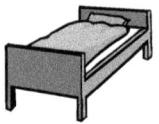
Bett
leeso

Besen
pittirgal

Kübel
suwo

Schalter
ñifirgel

32 Haus - galle

Wohnzimmer
suudu yeewtere

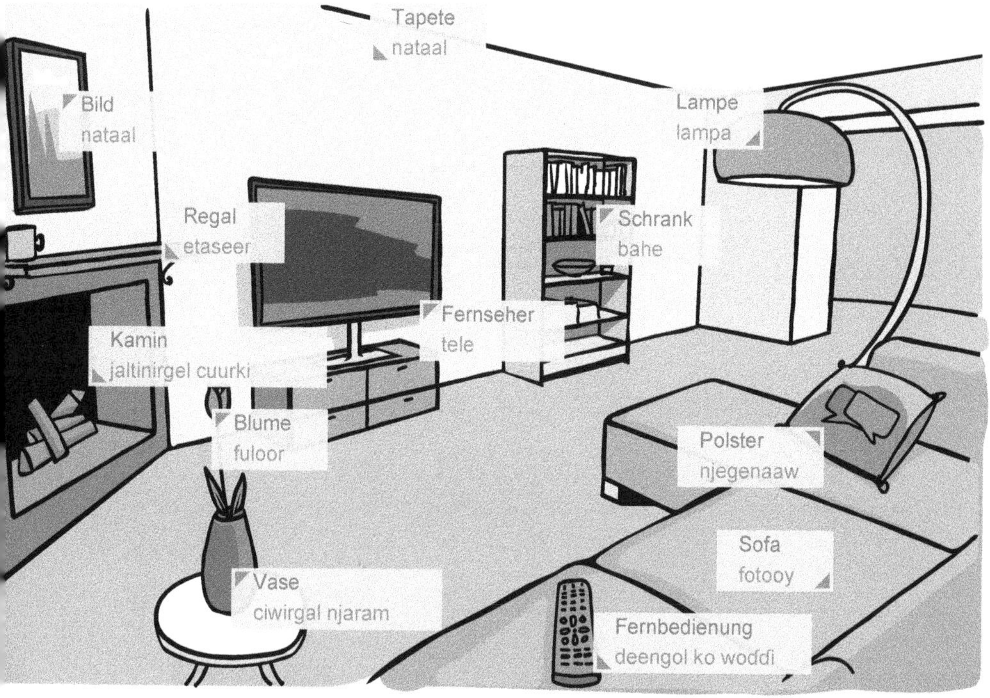

- Tapete — nataal
- Bild — nataal
- Lampe — lampa
- Regal — etaseer
- Schrank — bahe
- Kamin — jaltinirgel cuurki
- Fernseher — tele
- Blume — fuloor
- Polster — njegenaaw
- Vase — ciwirgal njaram
- Sofa — fotooy
- Fernbedienung — deengol ko woɗɗi

Teppich
tappi

Vorhang
rido

Tisch
taabal

Sessel
jooɗorgal

Schaukelstuhl
jooɗorgal timmungal

Sessel
jooɗorgal tuggateengal

Buch
deftere

Decke
cuddirgal

Dekoration
jooɗnugol

Feuerholz
ledde kubbateede

Film
filmo

Stereoanlage
materiyel hi-fi

Schlüssel
coktirgal

Zeitung
kaayit kabaruuji

Gemälde
pentirgol

Poster
posteer

Radio
rajo

Notizblock
teskorgel

Staubsauger
bodowel pusiyeer

Kaktus
kaktis

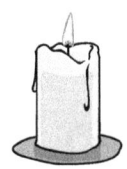
Kerze
sondel

Wohnzimmer - suudu yeewtere

Küche
waañ

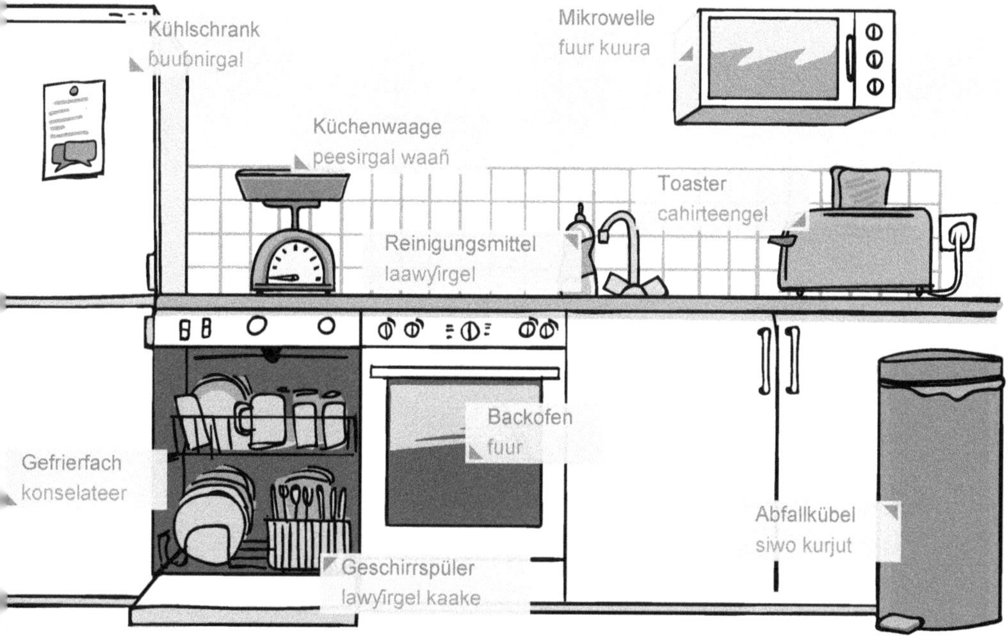

Kühlschrank
buubnirgal

Mikrowelle
fuur kuura

Küchenwaage
peesirgal waañ

Toaster
cahirteengel

Reinigungsmittel
laawyirgel

Gefrierfach
konselateer

Backofen
fuur

Abfallkübel
siwo kurjut

Geschirrspüler
lawyirgel kaake

Herd
fuurno

Topf
pot

Eisentopf
barme

Wok / Kadai
kasorol

Pfanne
kasorol

Wasserkocher
satalla

Küche - waañ

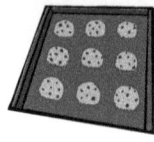

Dampfgarer | Backblech | Geschirr
suppere defirteende | pool defirteeɗo | lawyugol kaake

Becher | Schale | Essstäbchen
pot jarduɗo | suppeere | ñibirgon ñaamdu

Schöpflöffel | Pfannenwender | Schneebesen
kuddu luus | kayit ɗakirteeɗo | iirtude

Kochsieb | Sieb | Reibe
ceɗirgel | tame | keefirgel

Mörser | Grill | Kaminfeuer
moññirgal | judgol | jeyngol e henndu

Küche - waañ

Schneidebrett
coppirgal

Nudelholz
degnirgel ñaamdu feewnateendu

Korkenzieher
udditirgel butel

Dose
buwaat

Dosenöffner
udditirgel buwat

Topflappen
nangirgel pot

Waschbecken
siimtude

Bürste
boros

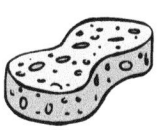
Schwamm
eppoos

Mixer
jiibirgel

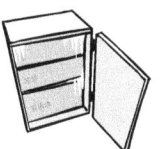
Gefriertruhe
battowel galaas

Babyflasche
jardugel tiggu

Wasserhahn
robine

Küche - waañ

Badezimmer
tarodde

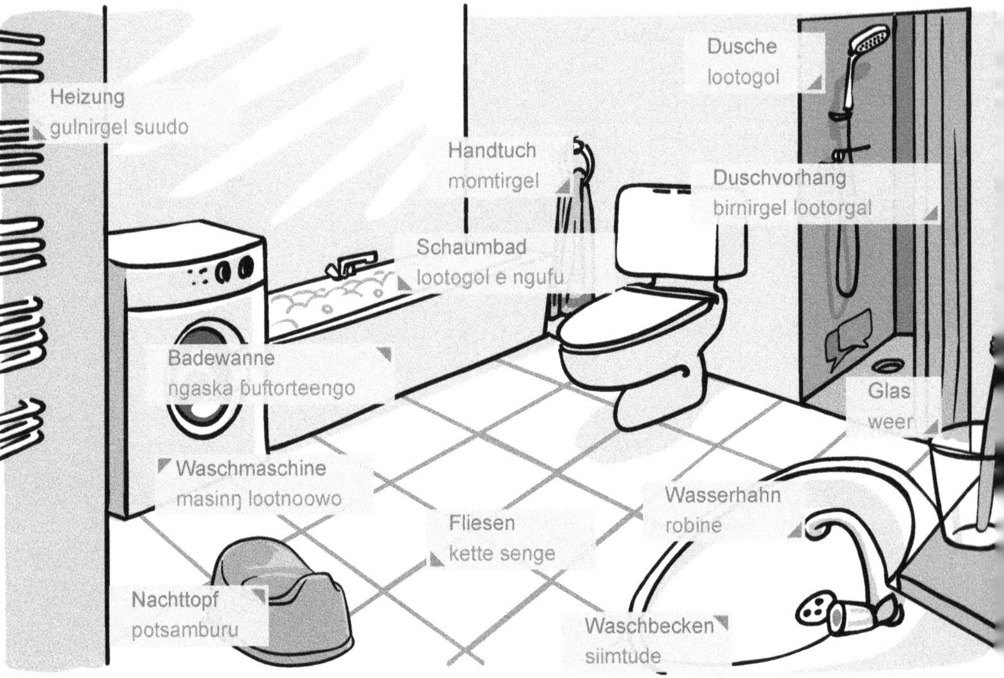

- Heizung — gulnirgel suudo
- Dusche — lootogol
- Handtuch — momtirgel
- Duschvorhang — birnirgel lootorgal
- Schaumbad — lootogol e ngufu
- Badewanne — ngaska buftorteengo
- Glas — weer
- Waschmaschine — masinŋ lootnoowo
- Wasserhahn — robine
- Fliesen — kette senge
- Nachttopf — potsamburu
- Waschbecken — siimtude

Klo
taarorde

Hocktoilette
jodorgal kuwirteengal

Bidet
biisirgel ndiyam

Pissoir
taarodde

Klopapier
kaayit momtirdo

Klobürste
boros taarorde

Zahnbürste
coccorgal yiiye

Zahnpasta
sabunde yiiye

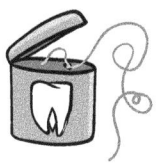

Zahnseide
gaarowol ñiire

waschen
lawyude

Handbrause
boggol lootirteengol

Intimdusche
buftogol

Waschschüssel
loowirteengel

Rückenbürste
demirgel hudo

Seife
sabunnde

Duschgel
aabunde buftorteende

Shampoo
sampoye

Waschlappen
limsere wiro

Abfluss
ciiygol

Creme
kerem

Deodorant
uurnirgel

Badezimmer - tarodde

Spiegel
daandorgal

Kosmetikspiegel
daandorgal pamoral

Rasierer
pembirgel

Rasierschaum
ngufu pembol

Rasierwasser
moomiteengel pembol

Kamm
yeesoode

Bürste
boros

Föhn
joornirgel sukunndu

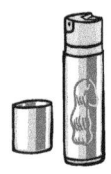

Haarspray
peewnirgel sukunndu

Makeup
makiyaas

Lippenstift
joodirgel toni

Nagellack
momtirgel cegeneeji

Watte
garowol wiro

Nagelschere
siso cegeneeji

Parfum
parfon

Badezimmer - tarodde

Kulturbeutel	Hocker	Waage
waxande lootorgal	kuudi	peesirgal

Bademantel	Gummihandschuhe	Tampon
wutte cuftorteeɗo	gaŋuuji dalli	momtirer ƴiiƴam ella
	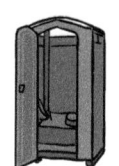	
Damenbinde	Chemietoilette	
kuus tiggu	lootogol simik	

Badezimmer - tarodde

Kinderzimmer
suudu sakaabe

Wecker
pindinirgel

Kuscheltier
kullel fijirde

Spielzeugauto
oto pijirgel

Puppenhaus
galle pijirgel

Geschenk
hannde

Rassel
dillere

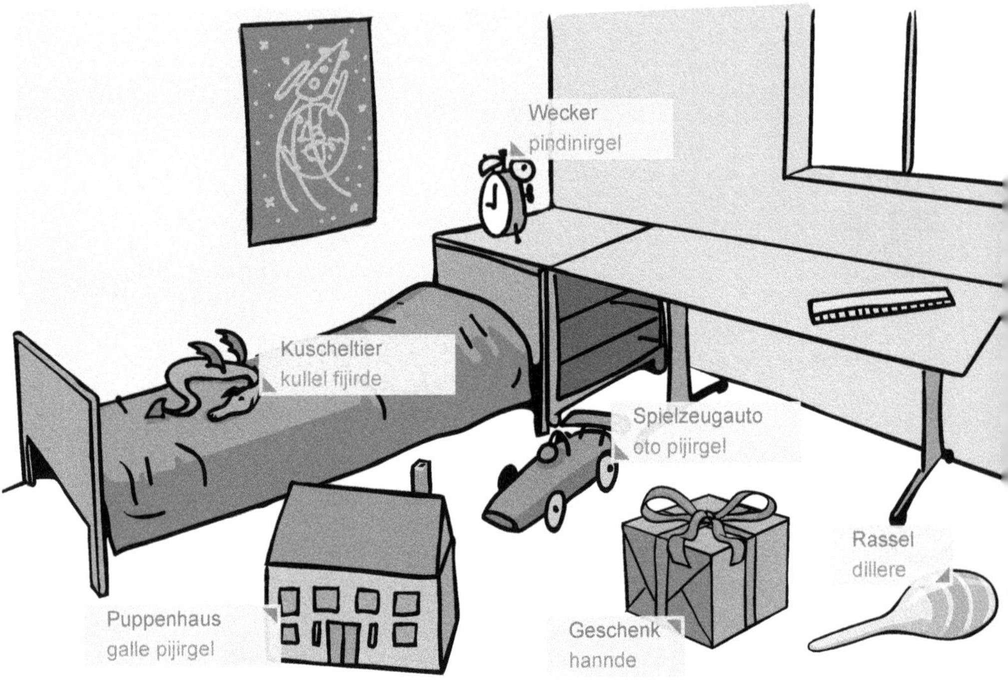

Ballon
sumalle dalli

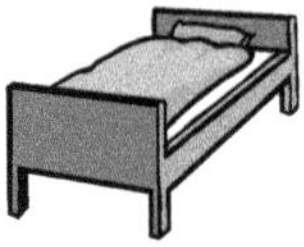

Bett
leeso

Kinderwagen
duñirgel tiggu

Kartenspiel
nokkere karte

Puzzle
fijirde lombondirgol

Comic
njalniika

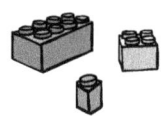
Legosteine
pijirgel tuufeeje

Bausteine
tuufeeje

Actionfigur
pijirgel

Strampelanzug
comcol tiggu

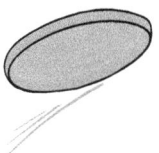
Frisbee
palaat diwwoow

Mobile
noddirgel

Brettspiel
pijirgel

Würfel
dee

Modelleisenbahn
ñemtinirgel laana ndegoowa

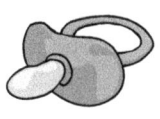
Schnuller
neddo fuuunti

Party
fijirde

Bilderbuch
deftere nate

Ball
bal

Puppe
puppe

spielen
fijde

Kinderzimmer - suudu sakaaɓe

Sandkasten
mbalka ceenal

Schaukel
beeltirgal

Spielzeug
pijirgel

Spielkonsole
pijiteengel see widewo

Dreirad
welo biifi tati

Teddy
pijirgel kullel urs

Kleiderschrank
armuwaar

Kleidung
comcol

Socken
kawase

Strümpfe
kawase

Strumpfhose
tuubayon bittukon

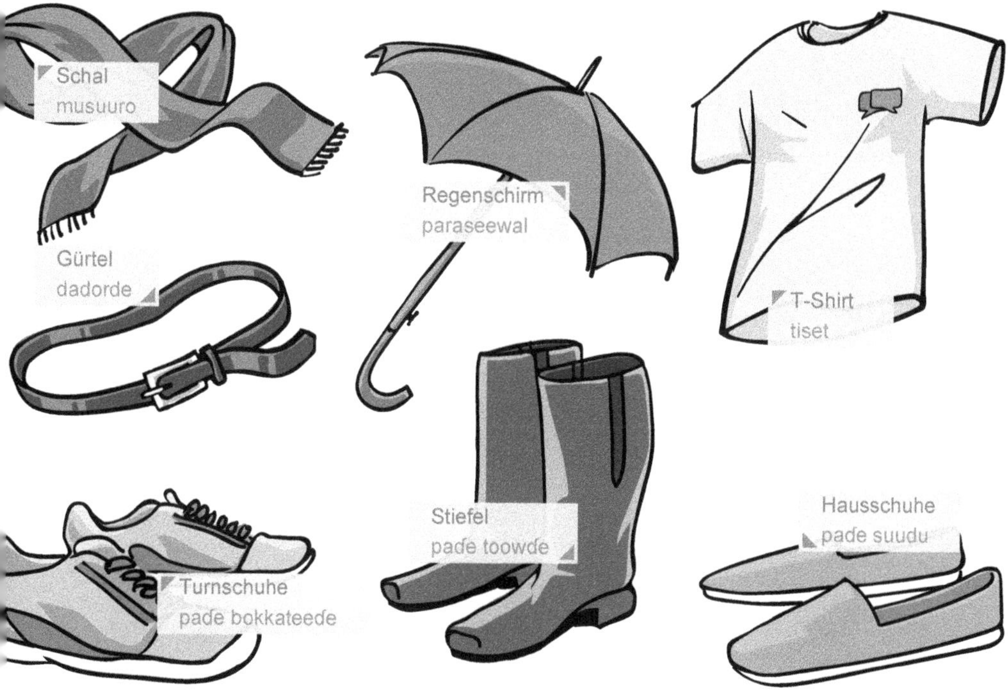

Schal
musuuro

Regenschirm
paraseewal

T-Shirt
tiset

Gürtel
dadorde

Stiefel
pade toowde

Hausschuhe
pade suudu

Turnschuhe
pade bokkateede

Sandalen
pade diwa

Schuhe
pade

Gummistiefel
padde toowde lirotoode

Unterhose
cakkirdi

Büstenhalter
sucengors

Unterhemd
silet

Kleidung - comcol

Body
banndu

Hose
tuuba

Jeans
jiin

Rock
robbo

Bluse
buluson

Hemd
simis

Pullover
piliweer

Kapuzenpullover
weste nebbu

Blazer
layset

Jacke
jaget

Mantel
weste juuddo

Regenmantel
wutte tobo

Kostüm
kostim

Kleid
robbo

Hochzeitskleid
robbo yange

Anzug
weste

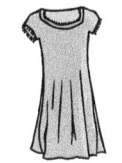

Nachthemd
wutte baaldudo

Pyjama
pijama

Sari
sari

Kopftuch
muusooro

Turban
kaala

Burka
kaala

Kaftan
sabndoor

Abaya
abbaay

Badeanzug
comcol lumbirogol

Badehose
cakkirɗi

kurze Hose
kilot

Jogginganzug
joogin

Schürze
limsere deffowo

Handschuhe
gaɲuuji

Kleidung - comcol

Knopf
boddirgel

Brille
lone

Armband
jawo

Halskette
cakka

Ring
feggere

Ohrring
hootonde

Mütze
laafa

Kleiderbügel
liggirgal weste

Hut
laafa

Krawatte
karawat

Reißverschluss
zip

Helm
laafa ndeenka

Hosenträger
gaɲ

Schuluniform
comcol dudal

Uniform
iniform

Kleidung - comcol

Lätzchen
sarbetel daande

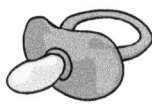
Schnuller
neddo fuuunti

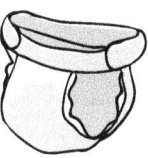
Windel
kuus

Büro
gollirgal

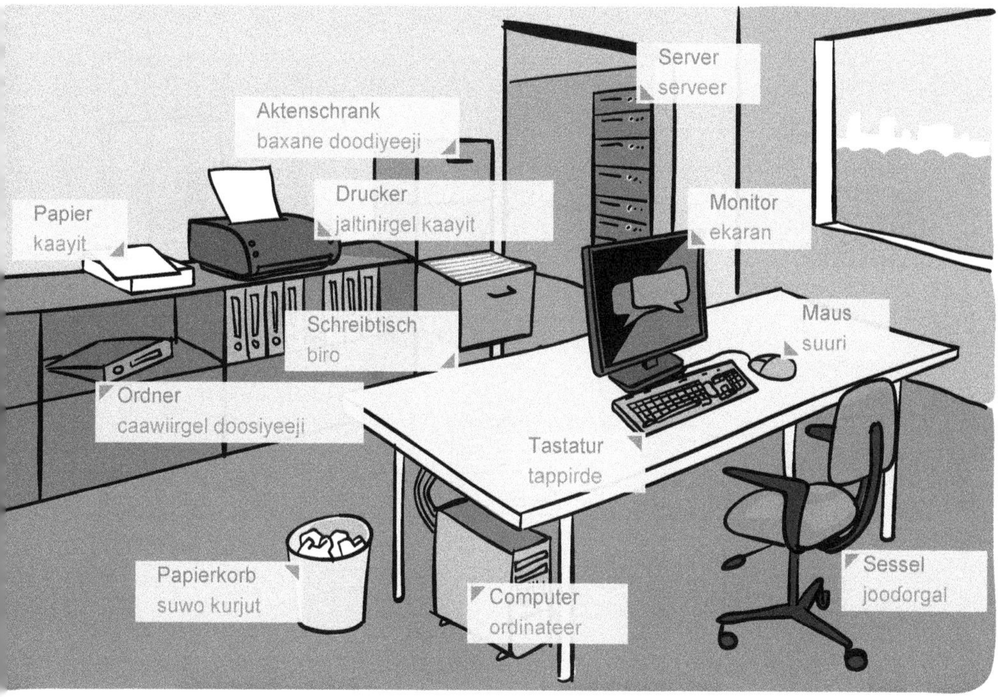

- Server — serveer
- Aktenschrank — baxane doodiyeeji
- Drucker — jaltinirgel kaayit
- Monitor — ekaran
- Papier — kaayit
- Schreibtisch — biro
- Maus — suuri
- Ordner — caawiirgel doosiyeeji
- Tastatur — tappirde
- Papierkorb — suwo kurjut
- Computer — ordinateer
- Sessel — joodorgal

Kaffeebecher
kuppu kafe

Taschenrechner
qiimorgal

Internet
enternet

Laptop
ordinateer beelnateedo

Brief
bataake

Nachricht
bataake

Handy
noddirgel

Netzwerk
reso

Kopierer
cottitirgel

Software
losisiyel

Telefon
noddirgel

Steckdose
cenjirgel boggol kuura

Fax
masinŋ faks

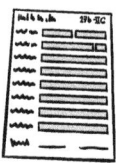
Formular
mbaadi

Dokument
dokiman

Büro - gollirgal

Wirtschaft
faggudu

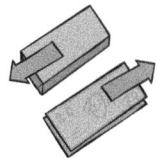
kaufen
soodde

bezahlen
soodde

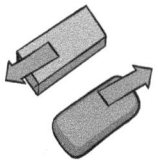
handeln
yeyde

Geld
kaalis

Dollar
dolaar

Euro
eroo

Yen
yen

Rubel
ruubal

Franken
faran Siwis

Renminbi Yuan
yuwaan renminbi

Rupie
rupii

Bankomat
masinŋ keestordo kaalis

Wechselstube
nokku beccugol e neldugol

Gold
kanŋe

Silber
kaalis

Öl
esaans

Energie
sembe

Preis
coggu

Vertrag
kontara

Steuer
taks

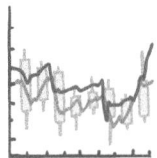
Aktie
marsandiss moftaaɗo

arbeiten
gollude

Angestellte
gollinteeɗo

Arbeitgeber
gollinoowo

Fabrik
isin

Geschäft
bitik

Berufe
haajuuji

Feuerwehrmann — ñifoobe jeyle

Polizist — dadiido

Ärztin — cafroowo

Koch — defoowo

Pilot — pilot

Gärtner
toppitiido sardin

Tischler
minise

Schneiderin
ñootoowo

Richter
ñaawoowo

Chemikerin
simist e demngal farayse

Schauspieler
aktoor

Berufe - haajuuji

Busfahrer
dognoowo biis

Taxifahrer
dognoowo taksi

Fischer
gawoowo

Putzfrau
pittoowo

Dachdecker
cengirɗe huɓeere

Kellner
carwoowo

Jäger
daddoowo

Maler
pentiroowo

Bäcker
piyoowo mburu

Elektriker
gollowo kuura

Bauarbeiter
mahoowo

Ingenieur
enseñeer

Schlachter
jeyoowo teew keso

Installateur
polombiyer

Briefträgerin
nawoowo batakuuji

Berufe - haajuuji

Soldat
kooninke

Architekt
diidoowo bahanteeri

Kassiererin
kestotoodo

Blumenhändlerin
jeyoowo fuloraaji

Friseur
mooroowo

Schaffner
dognoowo

Mechaniker
mekanisiyenŋ

Kapitän
kapiteen

Zahnärztin
cafroowo ỹiiỹe

Wissenschaftler
miijotoodo

Rabbi
kellifaado diine to israayel

Imam
imaam

Mönch
muwaan e e demngal farayse

Pfarrer
kellifaado diine heerereebe

Berufe - haajuuji

Werkzeuge
kuutorɗe

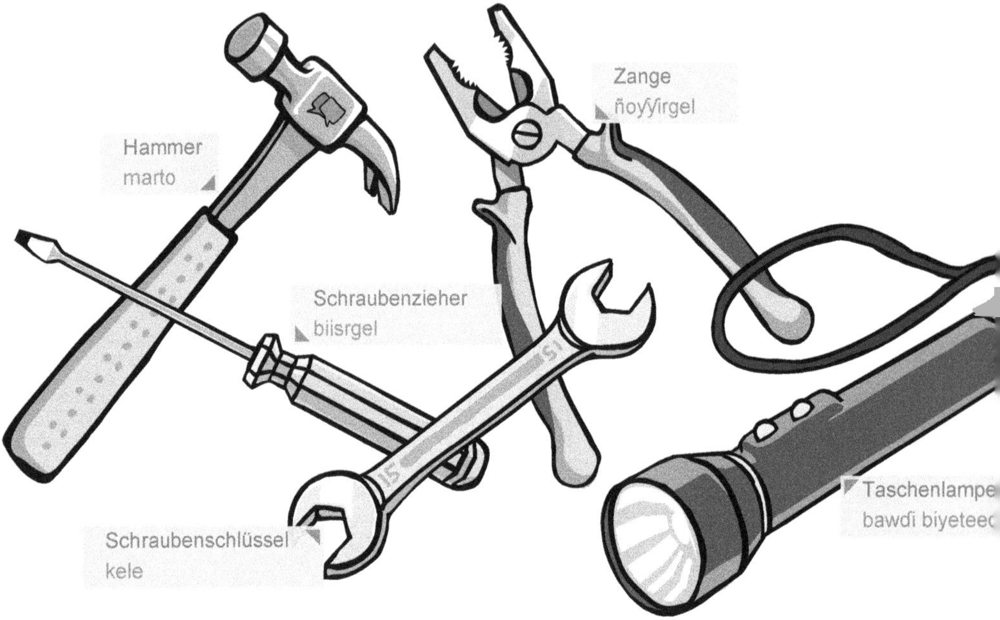

Hammer
marto

Zange
ñoyƴirgel

Schraubenzieher
biisrgel

Schraubenschlüssel
kele

Taschenlampe
bawɗi biyeteeɗ

Bagger
pikku

Werkzeugkasten
baxanel kaborɗe

Leiter
ŋabbirgal

Säge
tayirgal

Nägel
ƴibirɗe

Bohrer
julirgal

reparieren
fewnitde

Schaufel
nokkirgel

Scheiße!
Soo!

Kehrschaufel
boftirgel kurjut

Farbtopf
pot penttiir

Schrauben
wiisuuji

Musikinstrumente
kongirgon misik

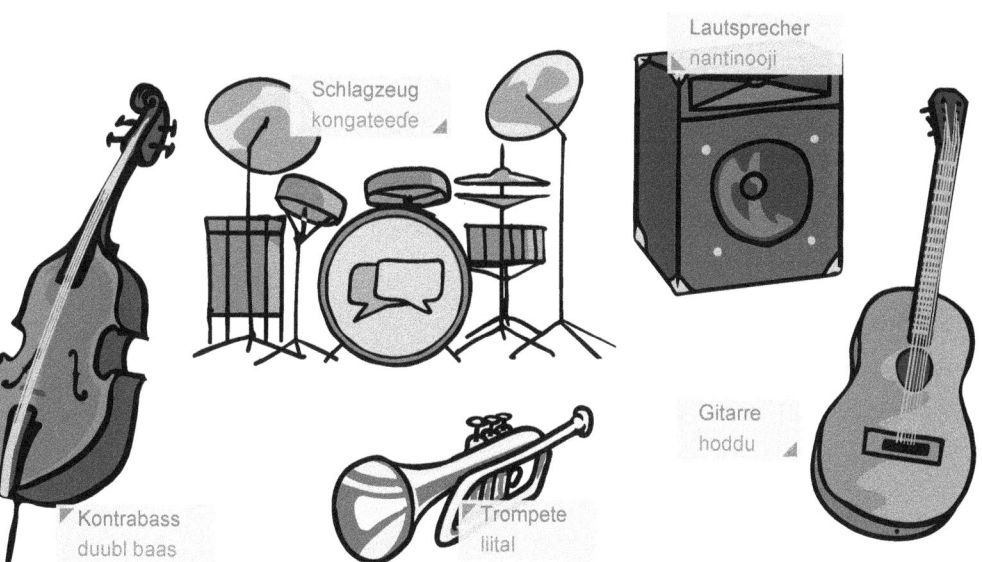

Klavier	Violine	Bass
piayaano	wiyolon	baas

Pauke	Trommeln	Tastatur
bowɗi biyeteeɗi timpani	bawɗi	tappirgal

Saxophon	Flöte	Mikrofon
saksofoon	nguurdu	mikoro

Zoo
nokku kullon

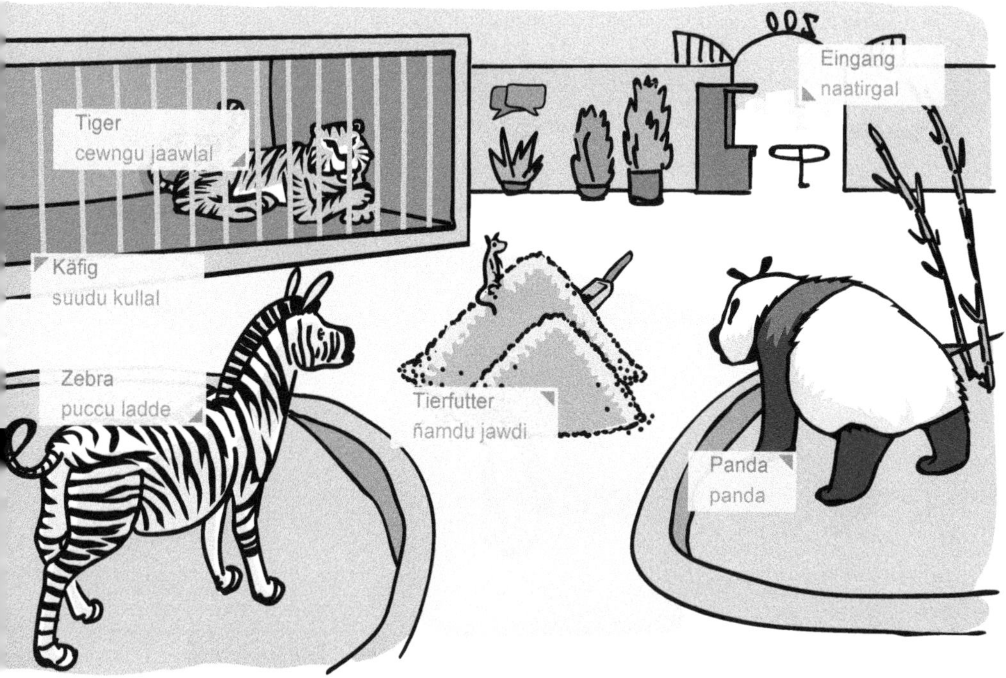

- Eingang / naatirgal
- Tiger / cewngu jaawlal
- Käfig / suudu kullal
- Zebra / puccu ladde
- Tierfutter / ñamdu jawdi
- Panda / panda

Tiere
kulle

Elefant
ñiiwa

Känguru
kanguru

Nashorn
rinoseros

Gorilla
waandu mowndu

Bär
urs

Zoo - nokku kullon

Kamel	Strauß	Löwe
ngelooba	sundu burndu mownude	mbaroodi

Affe	Flamingo	Papagei
waandu	ñaaral pural	seku

Eisbär	Pinguin	Hai
urso galaas	liingu wiyeteendu penguwe	lingu reke

Pfau	Schlange	Krokodil
ndiwri wiyeteendu pawon	laadoori	nooro

Zoowärter	Robbe	Jaguar
deenoowo zoo	togoori ndiyam wiyeteendu fok e farayse	cewngu

Zoo - nokku kullon

Pony
molu

Leopard
cewngu

Nilpferd
ngabu

Giraffe
njabala

Adler
ciilal

Wildschwein
mbabba tugal

Fisch
liingu

Schildkröte
heende

Walross
kullal biyeteengal morse

Fuchs
renaar

Gazelle
lella

Zoo - nokku kullon

Sport
coftal balli

Aktivitäten
golle

- springen / diwde
- lachen / jalde
- umarmen / buucaade
- gehen / yaade
- singen / yimde
- beten / juulde
- küssen / buucaade
- träumen / hoyditaade

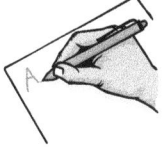

schreiben
windude

zeichnen
siifde

zeigen
hollude

drücken
duñde

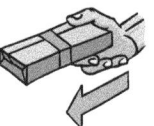

geben
rokkude

nehmen
yettude

haben
deñde

machen
wadde

sein
wonde

stehen
ummaade

laufen
dogde

ziehen
foodde

werfen
weddaade

fallen
yande

liegen
fende

warten
sabbaade

tragen
roondaade

sitzen
joodaade

anziehen
boornaade

schlafen
daanaade

aufwachen
finde

Aktivitäten - golle

ansehen
yeewde

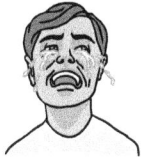
weinen
woyde

streicheln
helde

frisieren
yeesaade

reden
haalde

verstehen
faamde

fragen
naamnaade

hören
hedaade

trinken
yarde

essen
ñaamde

zusammenräumen
hawrinde

lieben
yidde

kochen
defde

fahren
dognude

fliegen
diwde

Aktivitäten - golle

segeln
awyude

rechnen
qimaade

lesen
jangude

lernen
jangude

arbeiten
gollude

heiraten
resde

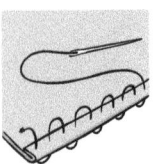
nähen
ñootde

Zähne putzen
soccaade ýiiýe

töten
warde

rauchen
simmaade

senden
neldude

Aktivitäten - golle

Familie
ɓesngu

Großmutter
yaadebbo

Großvater
taaniraado gorko

Vater
baabiraado

Mutter
yummiraado

Baby
tiggu

Tochter
ɓiɗɗo debbo

Sohn
ɓiɗɗo gorko

Gast
koɗo

Tante
goggiraado

Onkel
kaawiraado

Bruder
mowniraado gorko

Schwester
mowniraado debbo

Körper
ɓandu

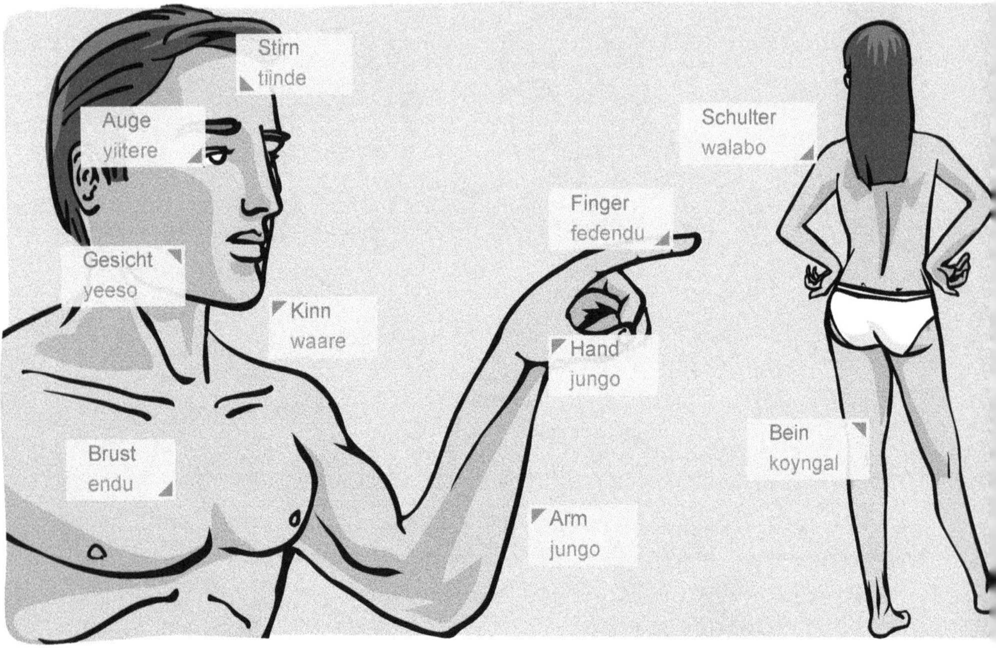

Stirn — tiinde
Auge — yiitere
Gesicht — yeeso
Kinn — waare
Brust — endu
Schulter — walabo
Finger — feɗendu
Hand — jungo
Bein — koyngal
Arm — jungo

Baby
tiggu

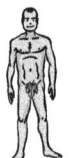

Mann
gorko

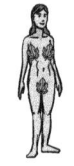

Frau
debbo

Mädchen
deftere kongoli

Junge
suka gorko

Kopf
hoore

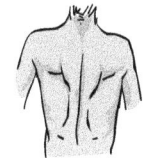

Rücken
keeci

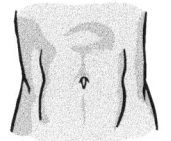

Bauch
reedu

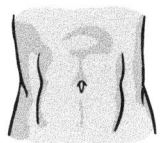

Nabel
wuddu

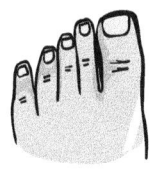

Zeh
fedendu koyngal

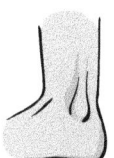

Ferse
jabborgal

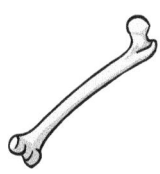

Knochen
yiyal

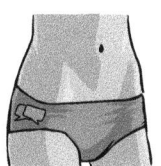

Hüfte
rotere

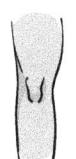

Knie
hofru

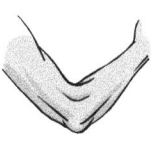

Ellbogen
salndu junngu

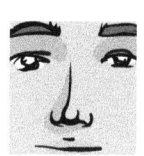

Nase
hinere

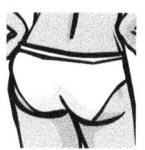

Gesäß
dote

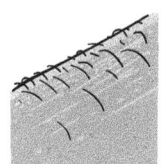

Haut
nguru

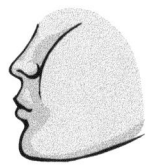

Wange
abbulo

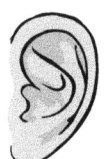

Ohr
nofru

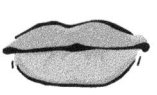

Lippe
tonndu

Körper - bandu

Mund
hunuko

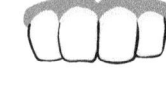
Zahn
ñiire

Zunge
ḋemngal

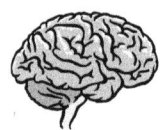
Gehirn
ngaandi

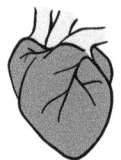
Herz
bernde

Muskel
yiyal

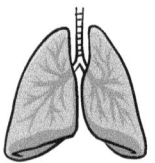
Lunge
wecco

Leber
heeñere

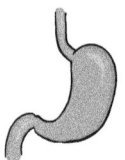
Magen
estoma

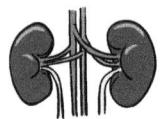
Nieren
tekteki mawni

Geschlechtsverkehr
terḋe

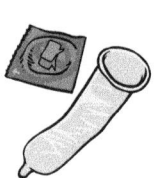
Kondom
laafa ndeenka

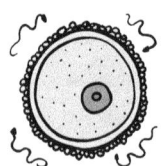
Eizelle
boccoonde maniya

Sperma
maniya

Schwangerschaft
reedu

Körper - bandu

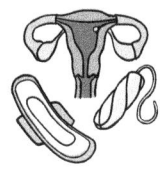		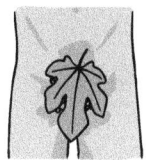
Menstruation	Vagina	Penis
yiiyam ella	farja	kaake
		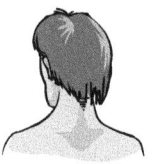
Augenbraue	Haar	Hals
leebi dow yiitere	sukunndu	daande

Körper - bandu

Spital
suudu safirdu

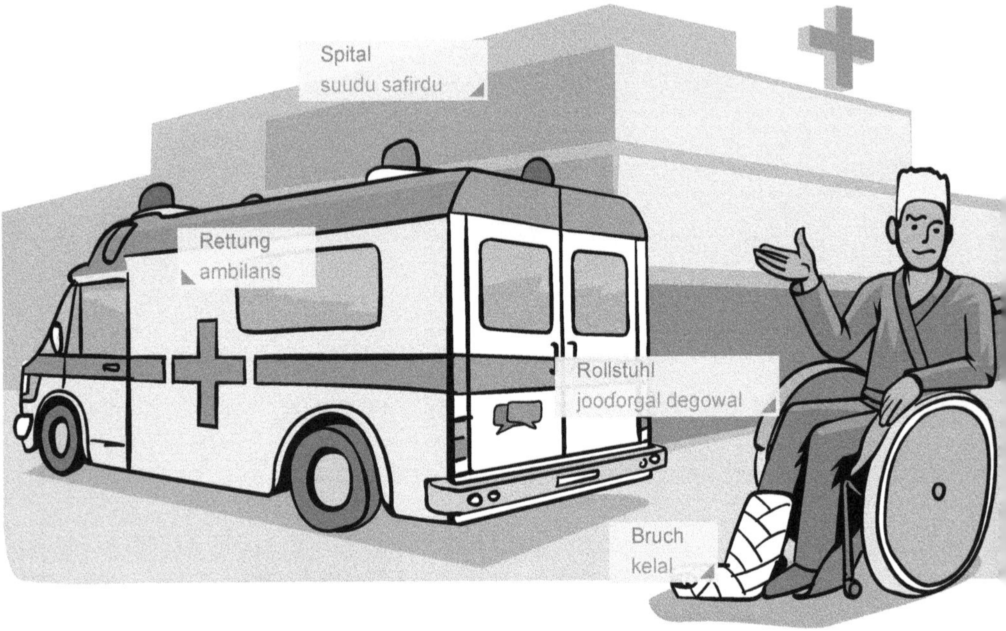

- Spital / suudu safirdu
- Rettung / ambilans
- Rollstuhl / jooɗorgal degowal
- Bruch / kelal

Ärztin
cafroowo

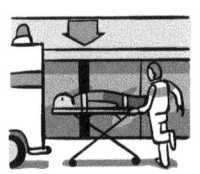

Notaufnahme
suudo irsaans

Krankenschwester
cafroowo

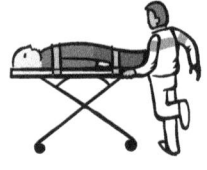

Notfall
irsaans

ohnmächtig
paɗɗiiɗo

Schmerz
muuseeki

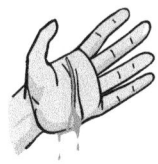
Verletzung
gaañande

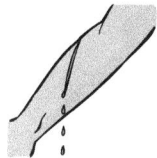
Blutung
tuyƴude

Herzinfarkt
bernde dartiinde

Schlaganfall
darogol bernde

Allergie
alersi

Husten
dojjugol

Fieber
nguleeki bandu

Grippe
maɓɓo

Durchfall
reedu dogooru

Kopfschmerzen
muuseeki hoore

Krebs
kanser

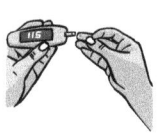
Diabetes
jabet

Chirurg
operasiyon

Skalpell
ceekirgel

Operation
operasiyon

Spital - suudu safirdu

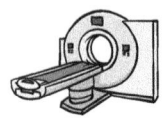
CT
CT

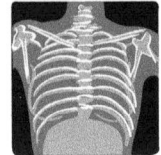
Röntgen
reyon-x

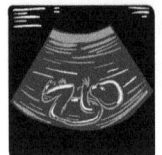
Ultraschall
iltarason

Maske
mask yeeso

Krankheit
ñaw

Wartezimmer
suudu sabbordu

Krücke
sawru tuggorgal

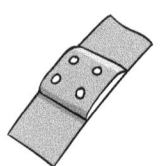
Pflaster
palatar

Verband
bandaas

Injektion
pikkitagol

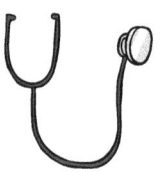
Stethoskop
kedirgel dille bandu

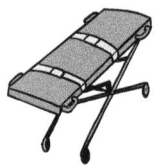
Trage
balankaaru

Thermometer
betirgel nguleeki banndu

Geburt
jibinegol

Übergewicht
bandu burtundu

Spital - suudu safirdu

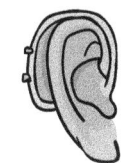		
Hörgerät	Desinfektionsmittel	Infektion
ballotirgel nonooje	desefektan	infeksiyon

Virus	HIV / AIDS	Medizin
viris	HIV / SIDA	safaara
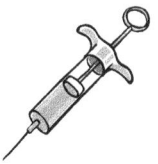	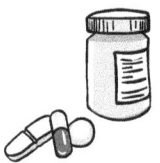	
Impfung	Tabletten	Pille
ñakko	tabletuuji	foddere

Notruf	Blutdruckmesser	krank / gesund
oddaango heñoraango	betirgel dogdu yiiyam	sellaani / salli

Spital - suudu safirdu

Notfall
irsaans

Hilfe!
Paabode!

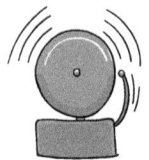

Alarm
tintinirgel

Überfall
jangol

Angriff
yande e

Gefahr
musiiba

Notausgang
damal dandirgal

Feuer!
Paabode!

Feuerlöscher
ñifirgel jeynge

Unfall
aksida

Erste-Hilfe-Koffer
geɗe cafrorde gadane

SOS
BALLAL

Polizei
Polis

Erde
Leydi

Europa

Erop

Nordamerika

Amerik to Rewo

Südamerika

Amerik to Worgo

Afrika

Afiriki

Asien

Asi

Australien

Ostarali

Atlantik

Atalantik

Pazifik

Pasifik

Indische Ozean

Oseyan Enje

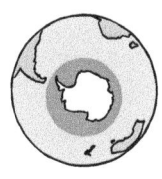

Antarktische Ozean

Oseyan Antarktik

Arktische Ozean

Osean Arkatik

Nordpol

Bange Rewo

Südpol	Antarktis	Erde
Bange Worgo	Antarktik	Leydi

Land	Meer	Insel
leydi	maayo mawngo	wuro nder ndiyam
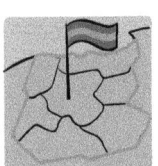	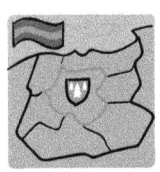	
Nation	Staat	
leydi	jamaanu	

Erde - Leydi

Uhr
montoor

Ziffernblatt
yeeso montoor

Stundenzeiger
misalel waqtu

Minutenzeiger
misalel hojomaaji

Sekundenzeiger
misalel majande

Wie spät ist es?
Hol waqtu jondo?

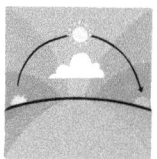

Tag
ñalawma

Zeit
saha

jetzt
jooni

Digitaluhr
montoor disitaal

Minute
hojom

Stunde
waqtu

Woche
yontere

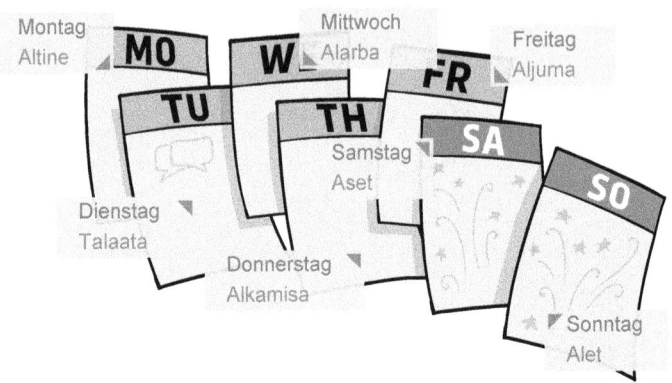

gestern
hanki

heute
hande

morgen
jango

Morgen
subaka

Mittag
beetawe

Abend
kikiiɗe

Arbeitstage
ñalawmaaji golle

Wochenende
ñalamaaji fooftere

Jahr
hitaande

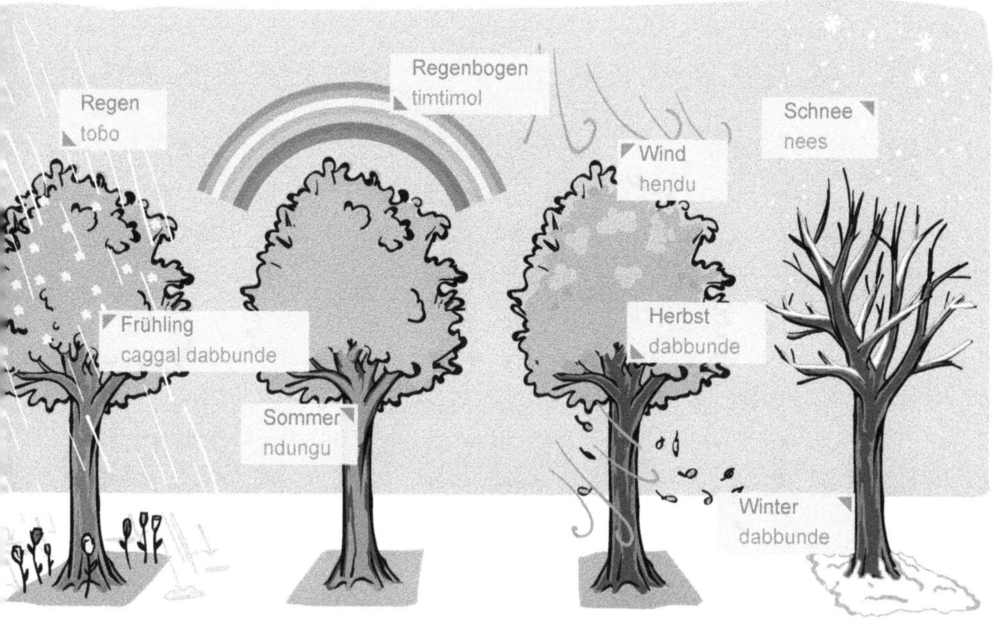

- Regen — toɓo
- Regenbogen — timtimol
- Schnee — nees
- Wind — hendu
- Frühling — caggal dabbunde
- Sommer — ndungu
- Herbst — dabbunde
- Winter — dabbunde

Wettervorhersage
kabrugol geɗe weeyo

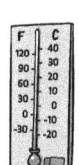

Thermometer
betirgal nguleeki

Sonnenschein
nguleeki naange

Wolke
duulal

Nebel
nibbere niwri

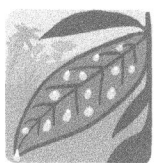

Luftfeuchtigkeit
ɓuuɓol

Blitz	Donner	Sturm
majaango	gidango	hendu yaduungo e gidaali

Hagel	Monsun	Flut
tobo mawngo	keneeli mawɗi	tobo yooloongo

 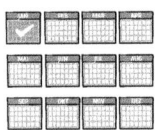 

Eis	Jänner	Februar
galaas	Janwiye	Feeviriye

 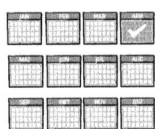 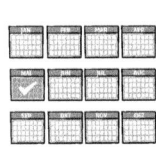

März	April	Mai
Mars	Awril	Me

 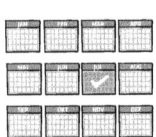 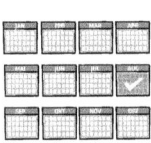

Juni	Juli	August
Suwe	Suliye	Ut

Jahr - hitaande

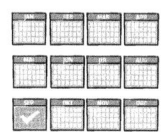
September
Setanbar

Oktober
Oktobar

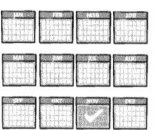
November
Noowambar

Dezember
Desambar

Formen
Mbaadi

Kreis
taaridum

Quadrat
bangeeji potdi

Rechteck
rektangal

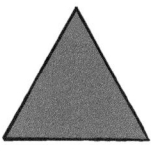
Dreieck
tiriyangal

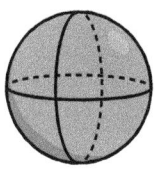
Kugel
esfeer

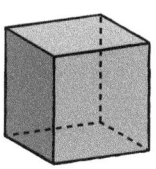
Würfel
kib

Farben
kuloraaji

weiß
deneejo

gelb
puro

orange
oraas

pink
roos

rot
bodeejo

lila
yolet

blau
bulaajo

grün
werte

braun
baka

grau
giri

schwarz
baleejo

Gegenteile
ceertuɗe

viel / wenig
heewi / famɗi

wütend / friedlich
mittinɗo / deeyɗo

hübsch / hässlich
yooɗi / soofi

Anfang / Ende
fuɗɗorde / gasirde

groß / klein
mawni / famɗi

hell / dunkel
leeri / dibbidi

Bruder / Schwester
awniraaɗo gorko / debbo

sauber / schmutzig
laaɓi / tulmi

vollständig / unvollständig
timmi / manki

Tag / Nacht
ñalawma / jamma

tot / lebendig
mayi / wuuri

breit / schmal
yaaji / bitti

genießbar / ungenießbar	böse / freundlich	aufgeregt / gelangweilt
ñaame / ñaametaake	bonɗum / moyƴi	weelti / deeyi

dick / dünn	zuerst / zuletzt	Freund / Feind
butto / cewɗo	gadiiɗo / cakkitiiɗo	sehil / gaño

voll / leer	hart / weich	schwer / leicht
heewi / ɓolɗi	tiiɗi / hoyi	teddi / hoyi

Hunger / Durst	krank / gesund	illegal / legal
heege / ɗomka	sellaani / salli	dagaaki / dagi

gescheit / dumm	links / rechts	nah / fern
ƴoyi / ƴiƴaani	ñaamo / nano	badi / woɗɗi

Gegenteile - ceertuɗe

neu / gebraucht
keso / kiiɗɗo

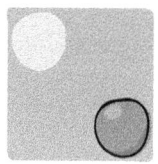

nichts / etwas
haydara / huunde

alt / jung
nayeeji / suka

an / aus
ne heen / ala heen

offen / geschlossen
udditi / uddi

leise / laut
deeyi / dilla

reich / arm
galo / baasɗo

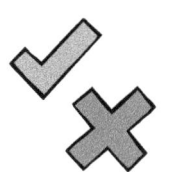

richtig / falsch
feewi / feewaani

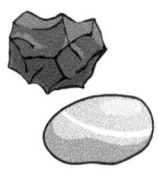

rau / glatt
tekki / ɗaati

traurig / glücklich
suni / weelti

kurz / lang
dabbo / jutɗo

langsam / schnell
leeli / yaawi

nass / trocken
leppi / yoori

warm / kühl
wuli / buubi

Krieg / Frieden
hare / jam

Gegenteile - ceertuɗe

Zahlen
limorɖe

0 null / meere

1 eins / goo

2 zwei / ɖiɖi

3 drei / tati

4 vier / nay

5 fünf / joy

6 sechs / jeegom

7 sieben / seeɖiɖi

8 acht / jeetati

9 neun / jeenay

10 zehn / sappo

11 elf / sappo e goo

12 zwölf
sappo e didi

13 dreizehn
sppo e tati

14 vierzehn
sappo e nay

15 fünfzehn
sappo e joy

16 sechzehn
sappo e jeegom

17 siebzehn
sappo e jeedidi

18 achtzehn
sappo e jeetati

19 neunzehn
sappo e jeenay

20 zwanzig
noogas

100 hundert
teemedere

1.000 tausend
ujunere

1.000.000 Million
miliyonŋ

Zahlen - limorde

Sprachen
demɗe

Englisch
Angale

Amerikanisches Englisch
Angale Amerik

Chinesisch (Mandarin)
Mandare Siin

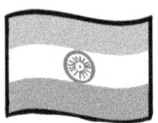

Hindi
Indo

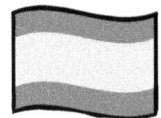

Spanisch
Español

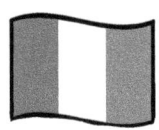

Französisch
Farayse

Arabisch
Arab

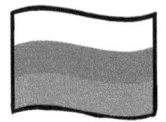

Russisch
Riis

Portugiesisch
Portige

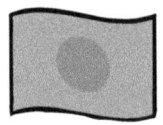

Bengalisch
Bengali

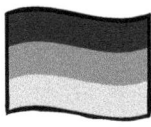

Deutsch
Alma

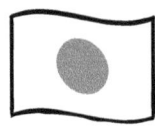

Japanisch
Sappone

wer / was / wie
holi oon / hol ɗum / no

ich
miin

du
ann

er / sie / es
kanŋko / kanŋko / kañum

wir
minen

ihr
onon

sie
kambe

Wer?
holi oon?

Was?
hol ɗum?

Wie?
hol no?

Wo?
hol toon?

Wann?
mande?

Name
innde

wo
hol toon

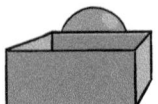

hinter
caggal

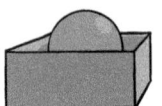

in
nder

vor
yeeso

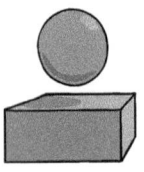

über
hedde

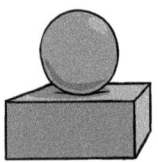

auf
dow

unter
les

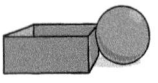

neben
sara

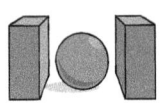

zwischen
hakkunde

Ort
nokku

Lightning Source UK Ltd.
Milton Keynes UK
UKHW020902281020
372375UK00009B/216